Learn Colors in Spanish
with Camron y Chloe

Denver International SchoolHouse

Learn Colors in Spanish with Camron y Chloe
Denver International SchoolHouse

© 2020 Denver International SchoolHouse

All rights reserved. No part of this publication may be reproduced, stored in a retrieval system or transmited in any form or by any means, electronic, mechanical, photocopying, recording or otherwise without the prior permision of the publisher or in accordance with the provisions of the Copyright, Designs and Patents Act 1988 or under the terms of any licence permitting limited copying issued by the Copyright Licensing Angency.

ISBN : 978-1-7358013-0-8

Nombre:_____

Blanco

Colorea las imágenes de *blanco*.

Nombre:_____

Blanco

Colorea la imagen que es **blanca** en cada fila.

  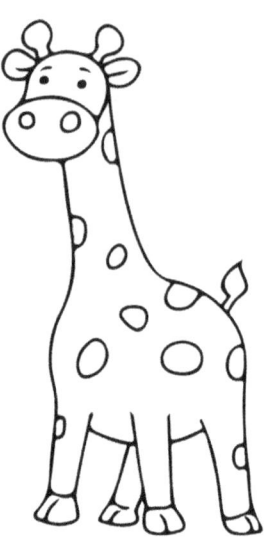

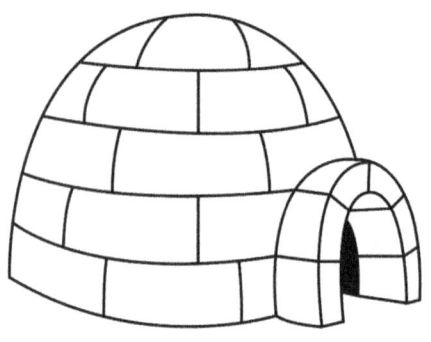  

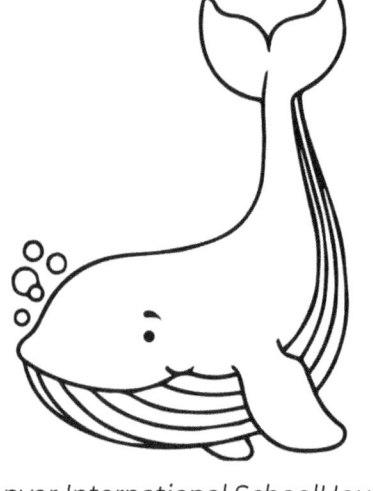  

Denver International SchoolHouse

Nombre:______________________

Blanco

Dibuja algo más que sea ***blanco.***

Ahora, traza la palabra ***blanco****.*

blanco

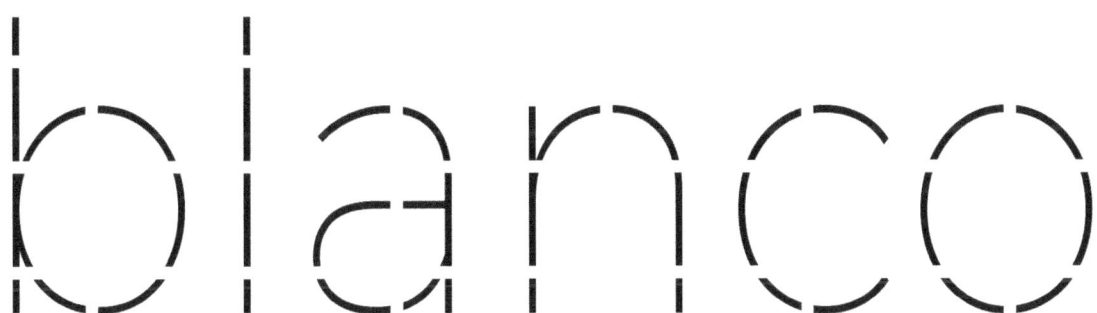

Nombre:_____

Colorea las cosas blancas

Nombre:_____

Traza y escribe la palabra

blanco

blanco

Colorea los tres que pueden ser *blanco*.

Nombre:_____

Revisión de color

*Colorea el espacio marcado en **blanco** con el crayón correcto.*

Denver International SchoolHouse

Nombre:_____

Rojo

Colorea las imágenes de **rojo**.

Nombre:_____

Rojo

*Colorea la imagen que es **roja** en cada fila.*

 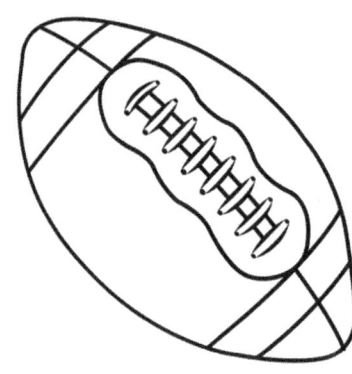 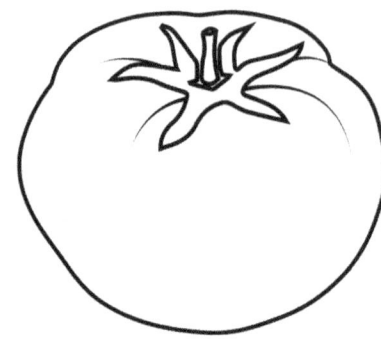

Denver International SchoolHouse

*Nombre:*________________________

Rojo

Dibuja algo más que sea ***rojo.***

Ahora, traza la palabra ***rojo****.*

rojo

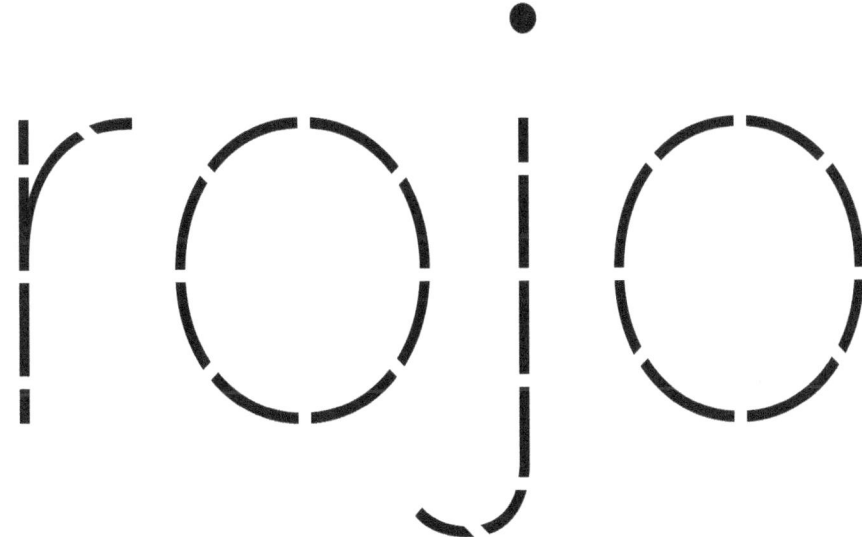

Nombre:_____

Colorea las cosas rojas

Nombre:_____

Traza y escribe la palabra

_____

- -

_____

Colorea los tres que pueden ser *rojo*.

Denver International SchoolHouse

Nombre:_____

Revisión de color

*Colorea el espacio marcado en **rojo** con el crayón correcto.*

Nombre:_____

Negro

Colorea las imágenes de *negro*.

Nombre:_____

Negro

*Colorea la imagen que es **negra** en cada fila.*

 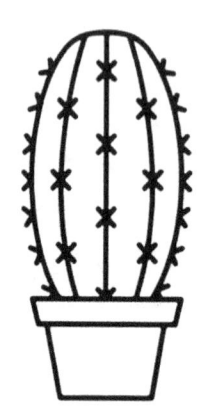 

 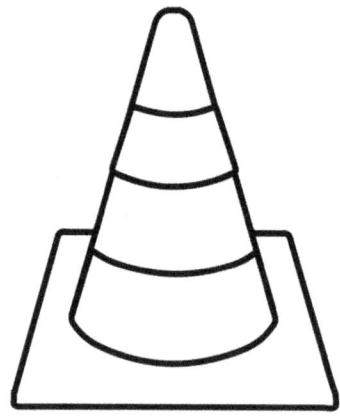 

Denver International SchoolHouse

Nombre:________________________

Negro

Dibuja algo más que sea ***negro.***

Ahora, traza la palabra ***negro****.*

negro

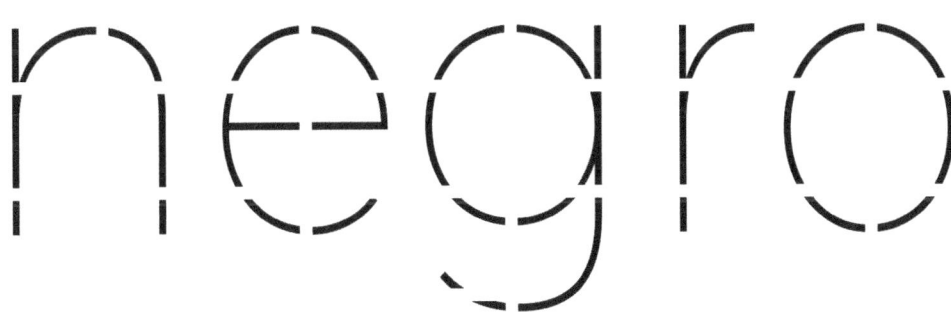

Nombre:_____

Colorea las cosas negras

Denver International SchoolHouse

Nombre:_____

Traza y escribe la palabra

negro   negro

_____

Colorea los tres que pueden ser *negro*.

Nombre:_____

Revisión de color

*Colorea el espacio marcado en **negro** con el crayón correcto.*

Denver International SchoolHouse

Nombre:_____

Naranja

*Colorea las imágenes de **naranja**.*

Nombre:_____

Naranja

*Colorea la imagen que es **naranja** en cada fila.*

Nombre:___________________

Naranja

Dibuja algo más que sea ***naranja.***

Ahora, traza la palabra ***naranja****.*

naranja

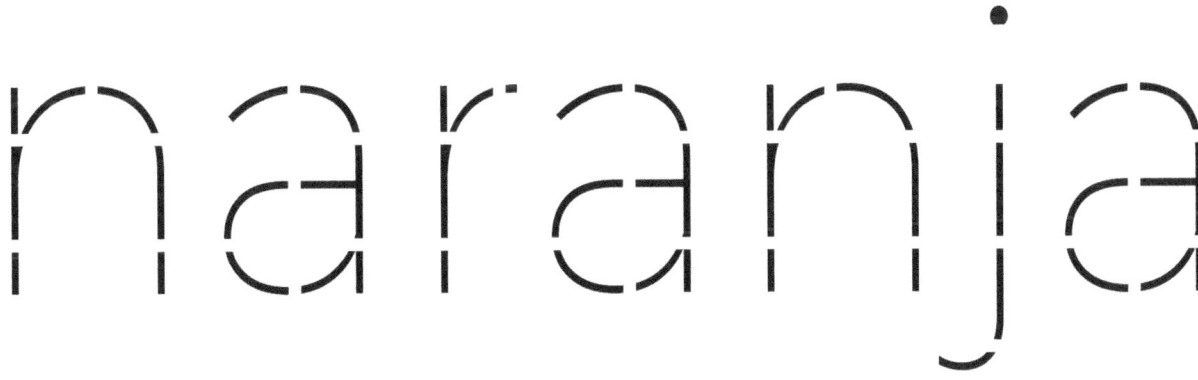

Nombre:_____

Colorea las cosas naranjas

Denver International SchoolHouse

Nombre:_____

Traza y escribe la palabra

naranja naranja

_____

Colorea los tres que pueden ser **naranja**.

Nombre:_____

Revisión de color

*Colorea el espacio marcado en **naranja** con el crayón correcto.*

Denver International SchoolHouse

Nombre:_____

Azul

Colorea las imágenes de *azul*.

Nombre:_____

Azul

*Colorea la imagen que es **azul** en cada fila.*

 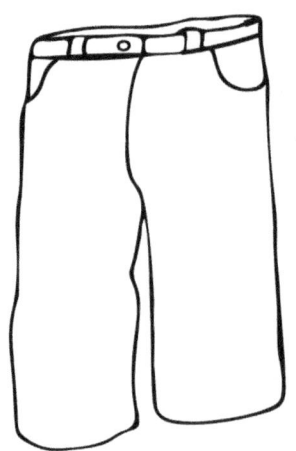 

Nombre:________________________

Azul

Dibuja algo más que sea ***azul.***

Ahora, traza la palabra ***azul.***

azul

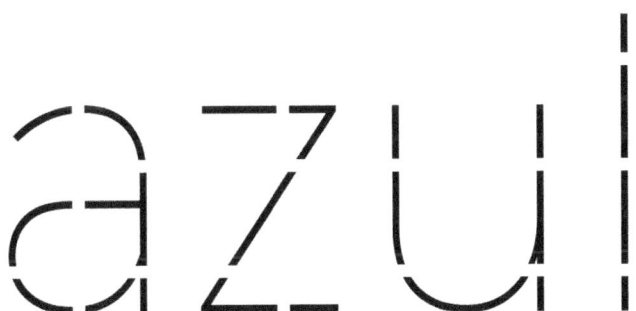

Nombre:_____

Colorea las cosas azules

*Nombre:*_____

Traza y escribe la palabra

azul   azul

_____
- -
_____

Colorea los tres que pueden ser *azul*.

Nombre:_____

Revisión de color

Colorea el espacio marcado en *azul* con el crayón correcto.

Denver International SchoolHouse

Gris

*Colorea las imágenes de **gris**.*

Nombre:_____

Gris

*Colorea la imagen que es **gris** en cada fila.*

Denver International SchoolHouse   32

Nombre:_____

Gris

*Dibuja algo más que sea **gris**.*

[ ]

*Ahora, traza la palabra **gris**.*

33 Denver International SchoolHouse

Colorea las cosas grises

Nombre:_____

Traza y escribe la palabra

gris

gris

Colorea los tres que pueden ser *gris*.

Nombre:_____

Revisión de color

Colorea el espacio marcado en *gris* con el crayón correcto.

Nombre:_____

Rosado

Colorea las imágenes de rosado.

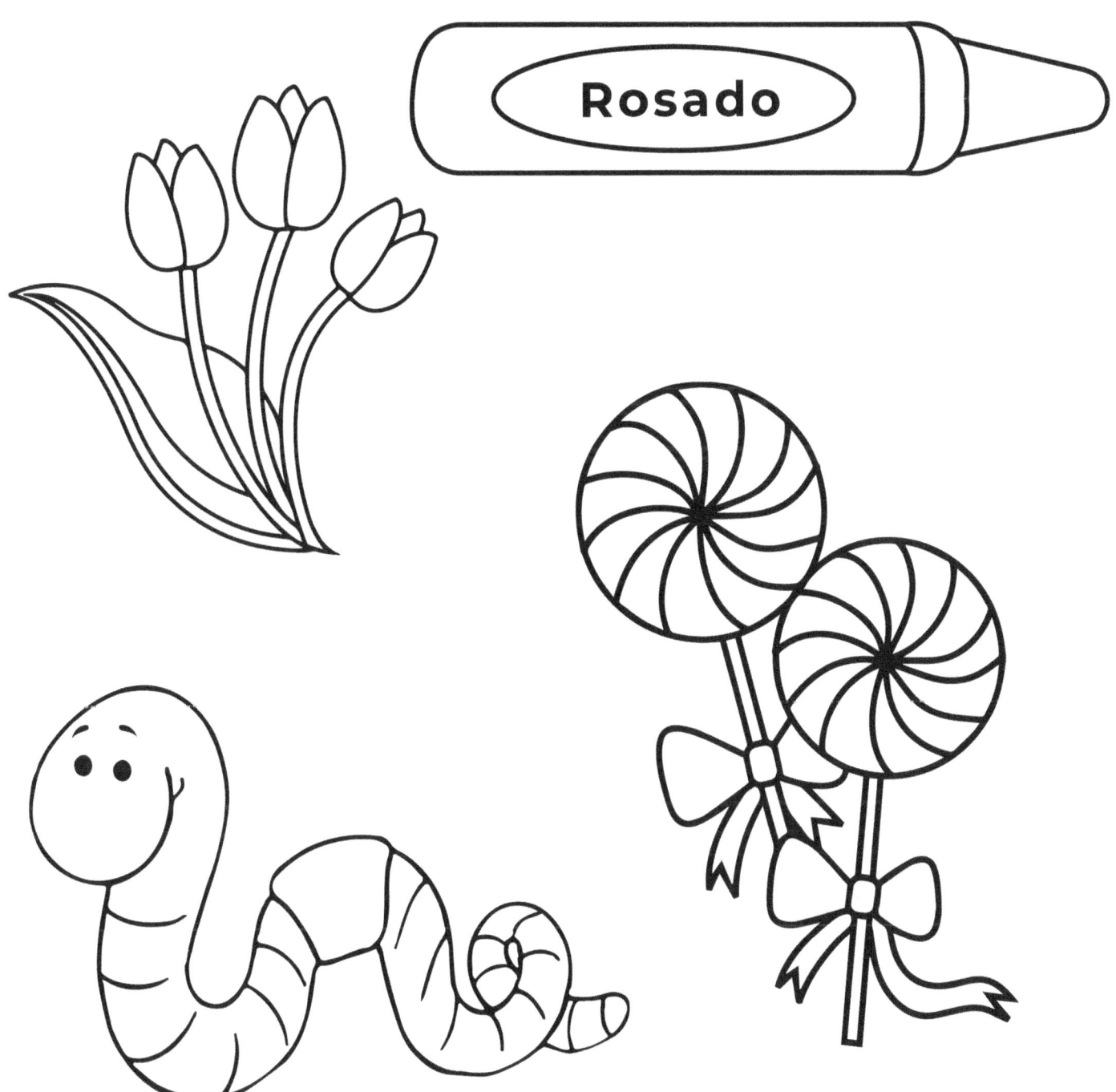

Nombre:_____

Rosado

Colorea la imagen que es **rosada** en cada fila.

  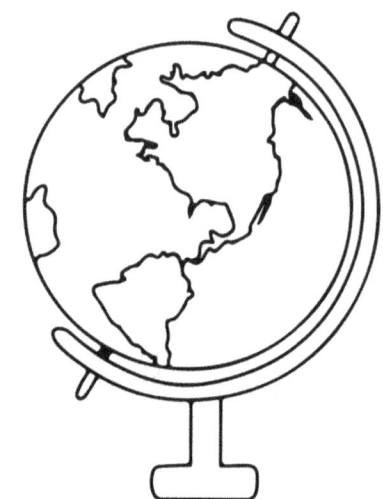

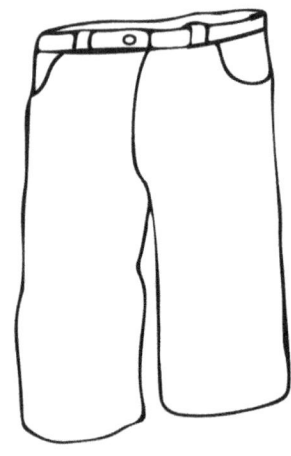  

  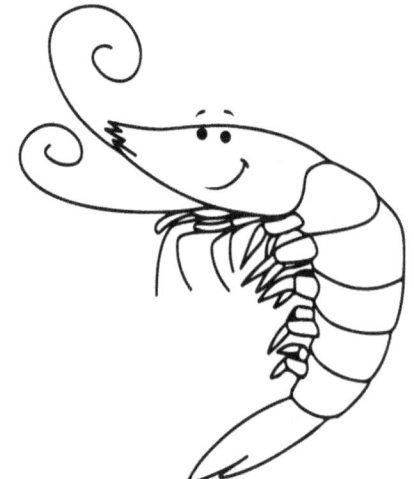

Nombre:______________________

Rosado

*Dibuja algo más que sea **rosado.***

*Ahora, traza la palabra **rosado**.*

rosado

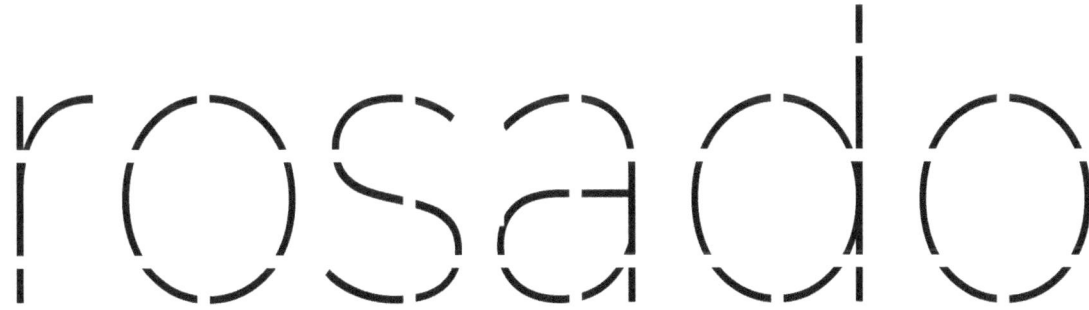

Nombre:_____

Colorea las cosas rosadas

Nombre:_____

Traza y escribe la palabra

| rosado | rosado |

_____

- - - - - - - - - - -

_____

Colorea los tres que pueden ser **rosados**.

Nombre:_____

Revisión de color

*Colorea el espacio marcado en **rosado** con el crayón correcto.*

Denver International SchoolHouse

Nombre:_____

Verde

Colorea las imágenes de **verde**.

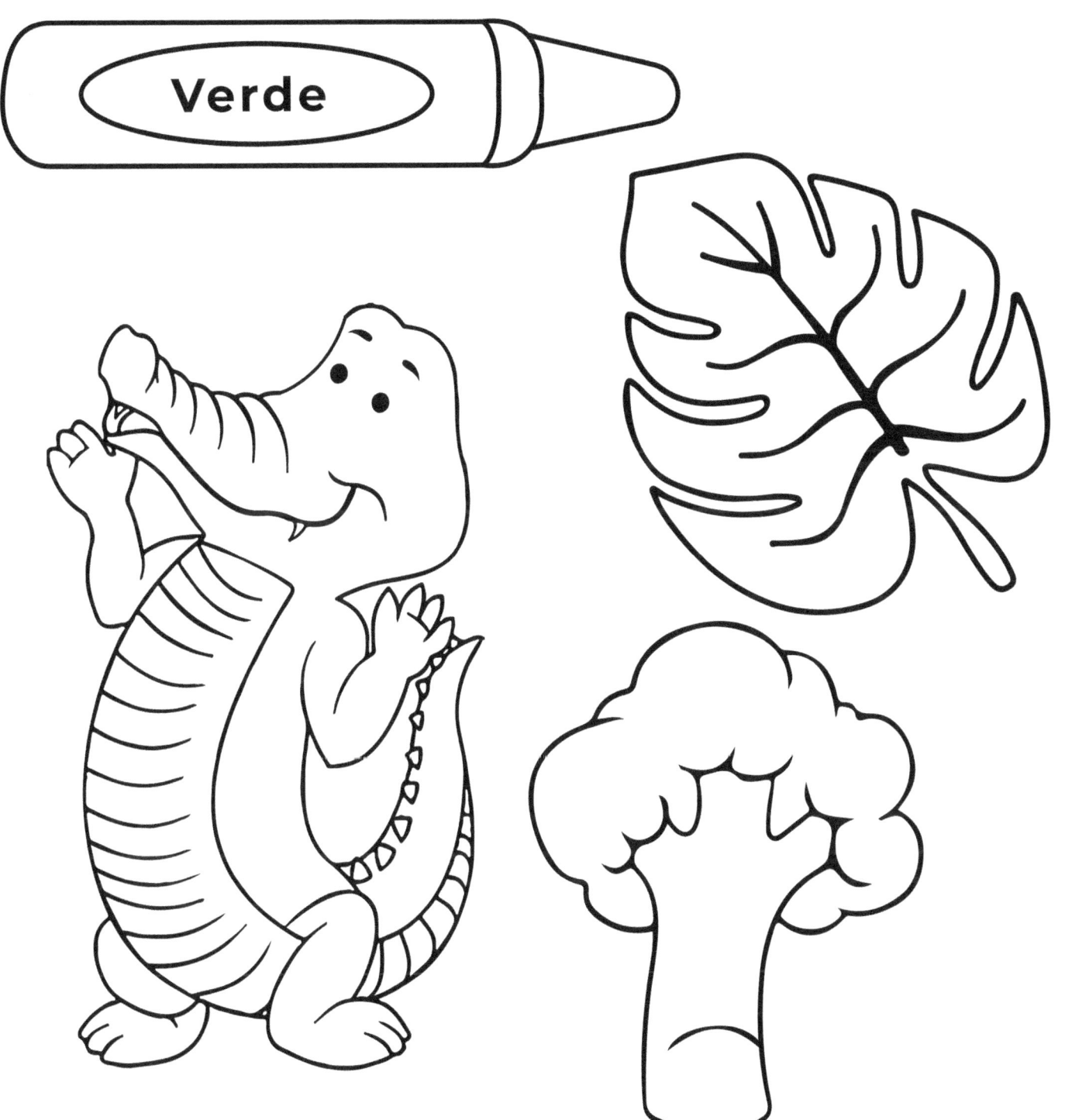

Nombre:_____

Verde

Colorea la imagen que es *verde* en cada fila.

 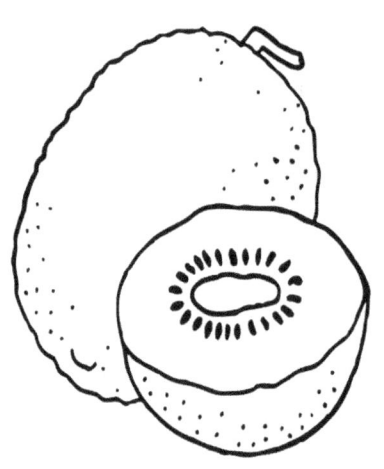 

Nombre:____________________

Verde

*Dibuja algo más que sea **verde.***

*Ahora, traza la palabra **verde**.*

verde

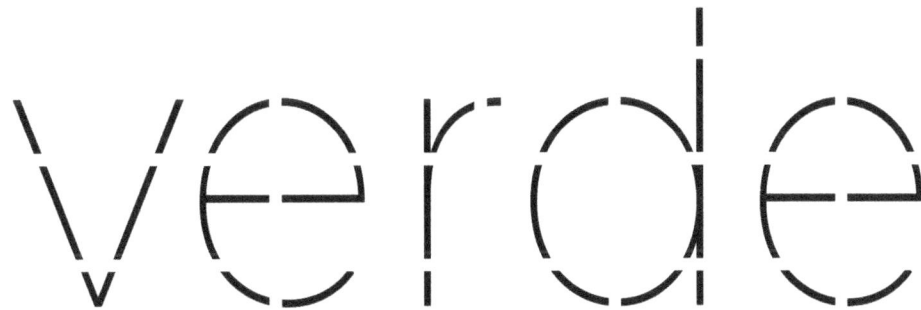

Nombre:_____

Colorea las cosas verdes

Nombre:_____

Traza y escribe la palabra

verde   verde

*Colorea los tres que pueden ser **verdes**.*

*Nombre:*_____

Revisión de color

*Colorea el espacio marcado en **verde** con el crayón correcto.*

Nombre:_____

Amarillo

Colorea las imágenes de amarillo.

Nombre:_____

Amarillo

Colorea la imagen que es **amarilla** en cada fila.

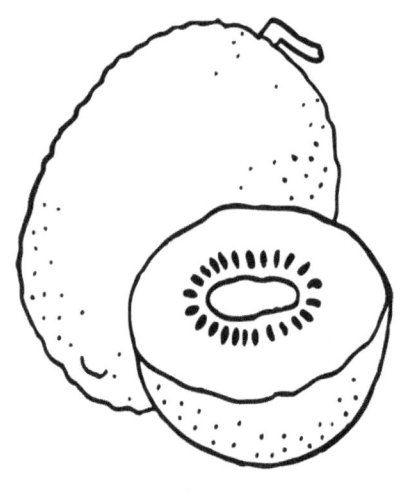  

Nombre:____________________

Amarillo

*Dibuja algo más que sea **amarillo.***

*Ahora, traza la palabra **amarillo**.*

amarillo

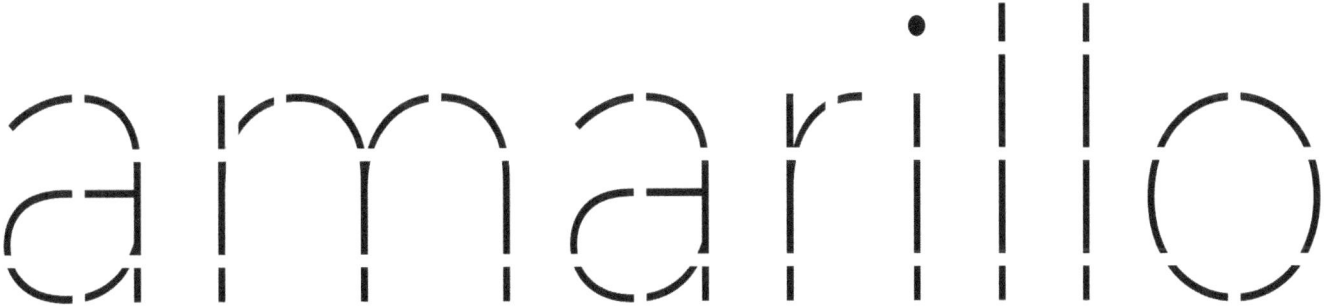

Nombre:_____

Colorea las cosas amarillas

Nombre:_____

Traza y escribe la palabra

amarillo amarillo

*Colorea los tres que pueden ser **amarillos**.*

Nombre:_____

Revisión de color

*Colorea el espacio marcado en **amarillo** con el crayón correcto.*

Nombre:_____

Morado

*Colorea las imágenes de **morado**.*

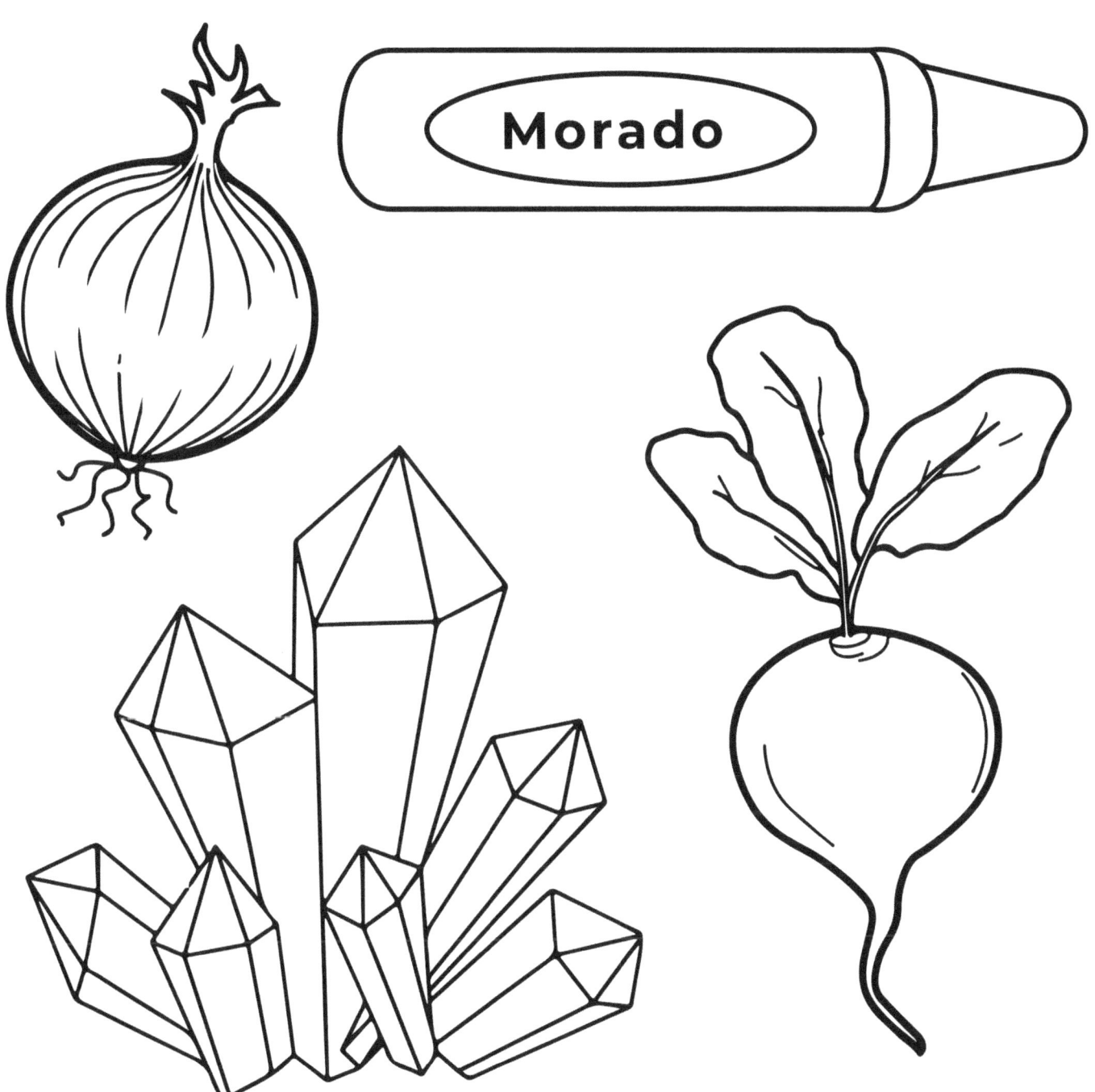

Nombre:_____

Morado

Colorea la imagen que es **morada** en cada fila.

Denver International SchoolHouse

Nombre:_____

Morado

*Dibuja algo más que sea **morado**.*

[   ]

*Ahora, traza la palabra **morado**.*

Denver International SchoolHouse

Nombre:_____

Colorea las cosas moradas

Nombre:_____

Traza y escribe la palabra

morado   morado

Colorea los tres que pueden ser **morado**.

Nombre:_____

Revisión de color

*Colorea el espacio marcado en **morado** con el crayón correcto.*

Nombre:_____

Revisión de colores

Colorea el espacio marcado con el crayón correcto.

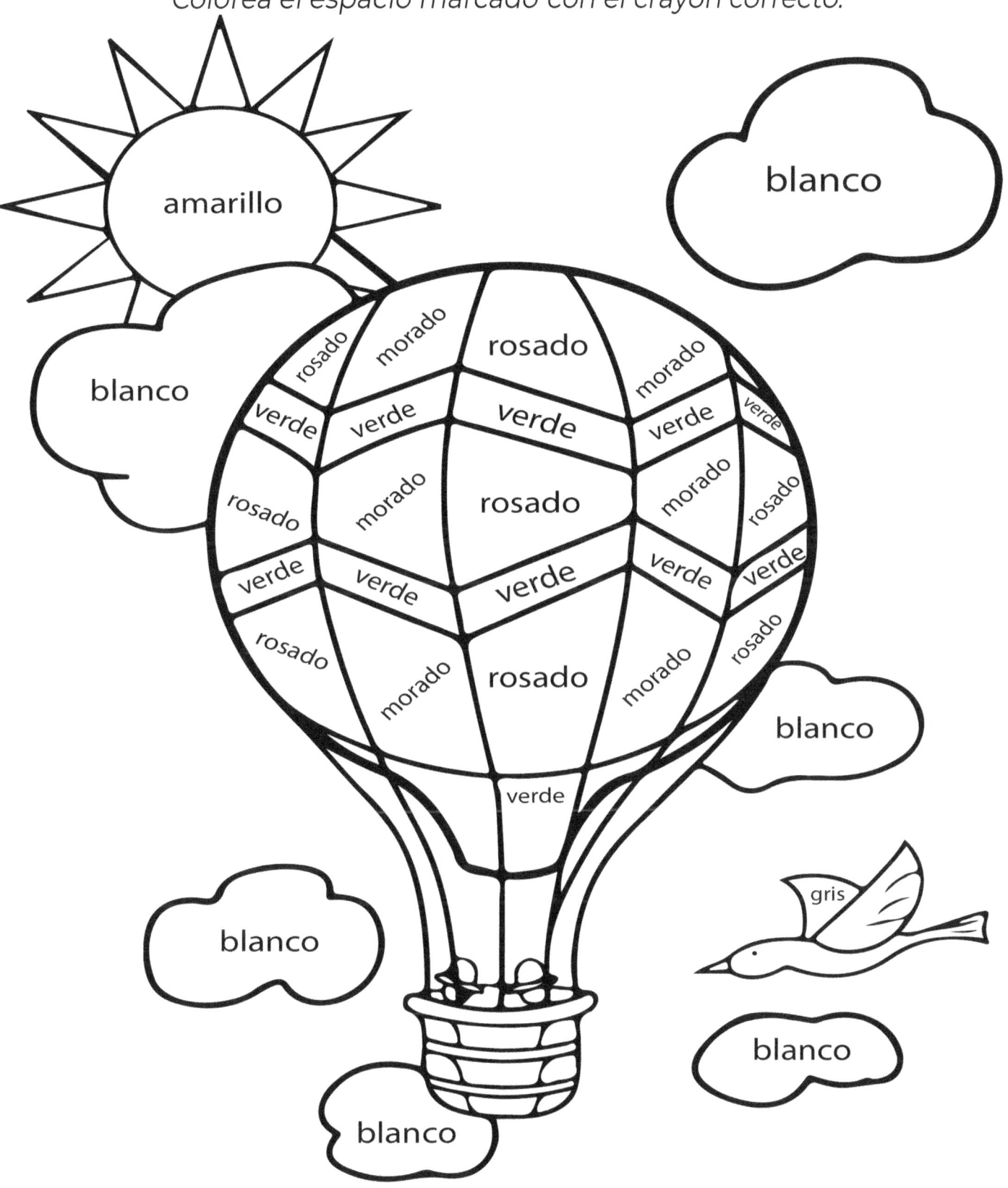

Nombre:_____

Revisión de colores

Colorea el espacio marcado con el crayón correcto.

1- blanco
2- rojo
3- negro
4- naranja
5- azul
6- gris
7- rosado
8- verde
9- amarillo
10- morado

Nombre:_____

Revisión de colores

Colorea y dibuja una línea para que cada imagen coincida con el crayón del mismo color.

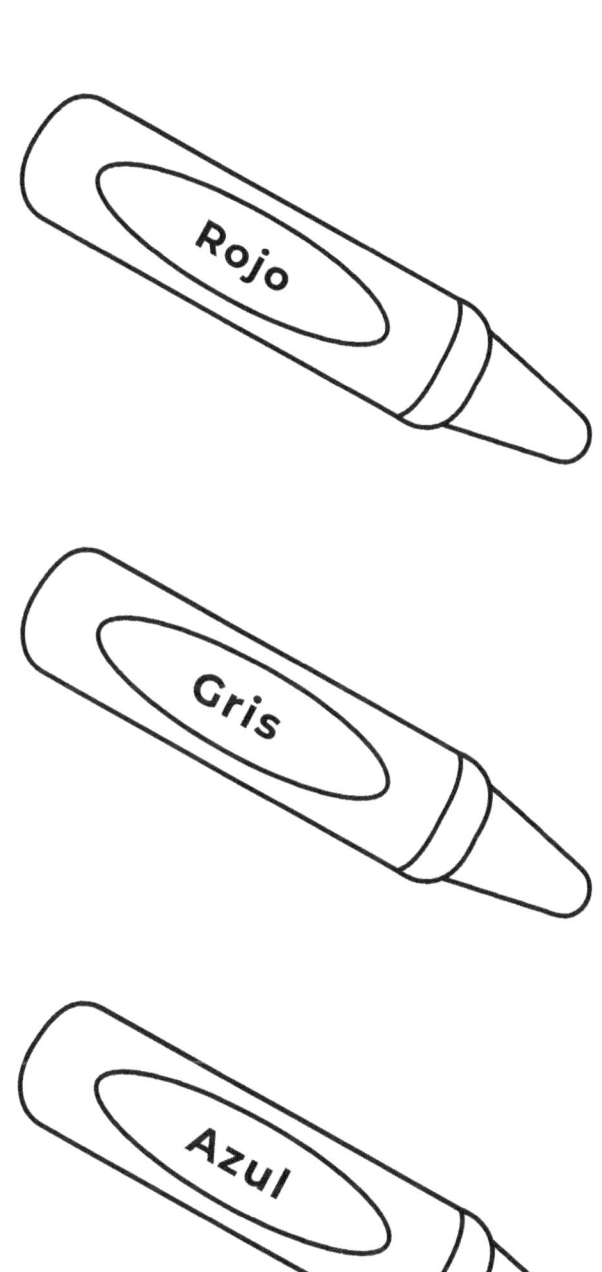
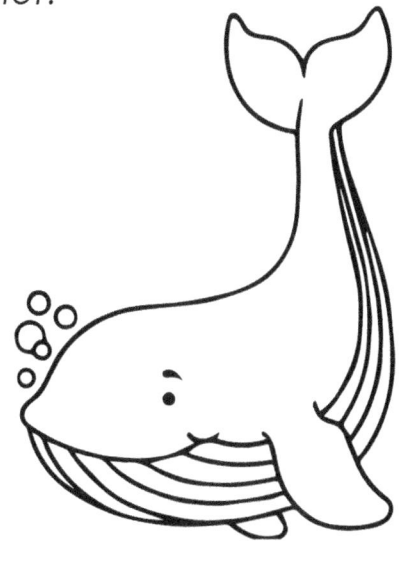

Nombre:_____

Revisión de colores

Colorea dentro de las palabras con el crayón correcto.

Amarillo

Azul

Rojo

Negro

Nombre:_____

Revisión de colores

Colorea el espacio marcado con el crayón correcto.

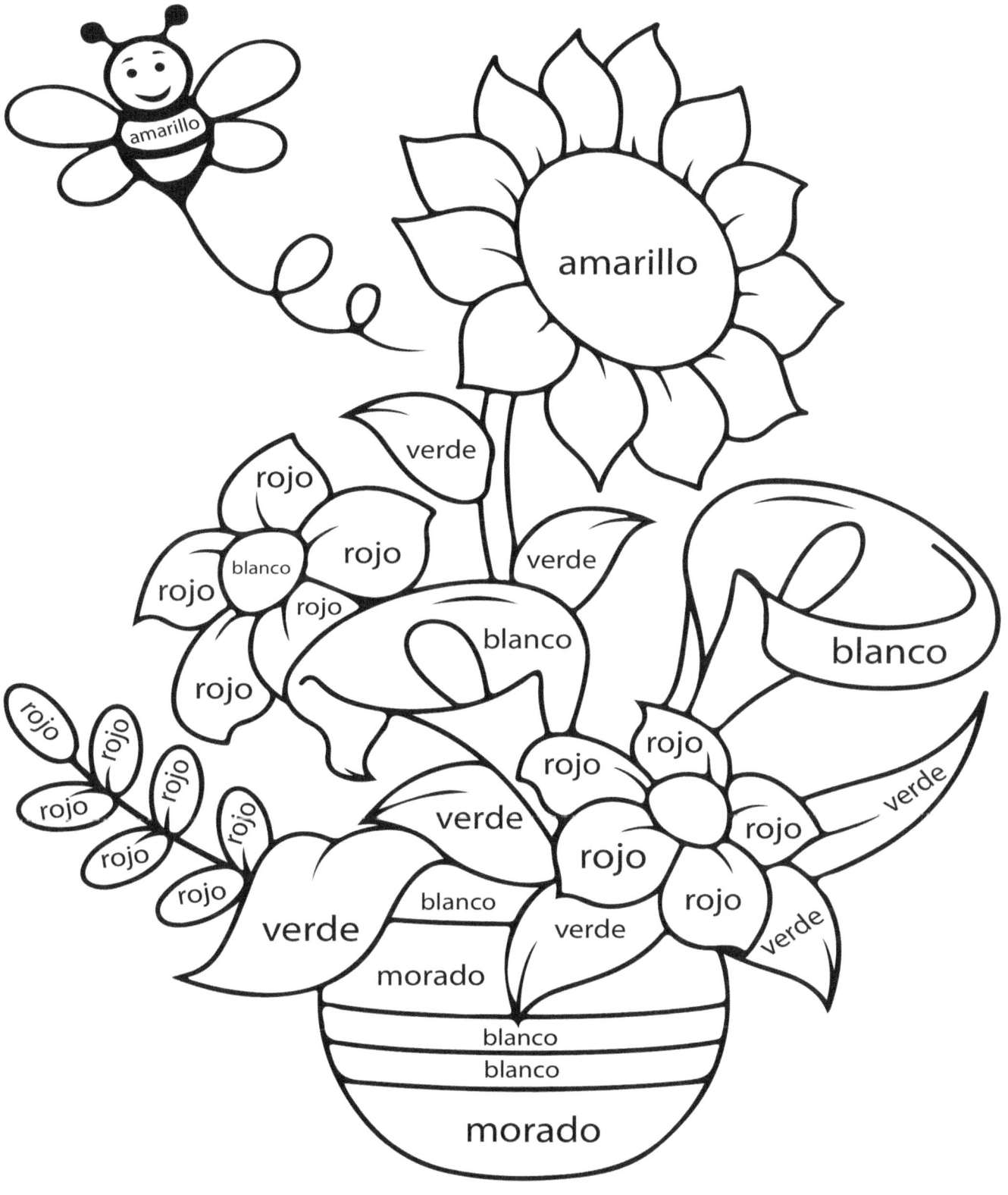

Nombre:_____

Revisión de colores

Colorea el espacio marcado con el crayón correcto.

1- rosado
2- verde
3- amarillo
4- morado
5- azul
6- gris
7- blanco
8- rojo
9- negro
10- naranja

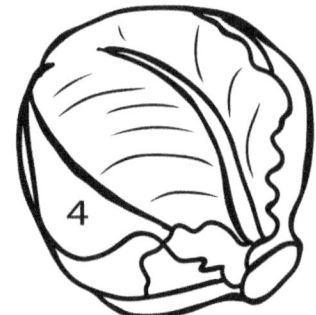

Denver International SchoolHouse

Nombre:_____

Revisión de colores

Colorea y dibuja una línea para que cada imagen coincida con el crayón del mismo color.

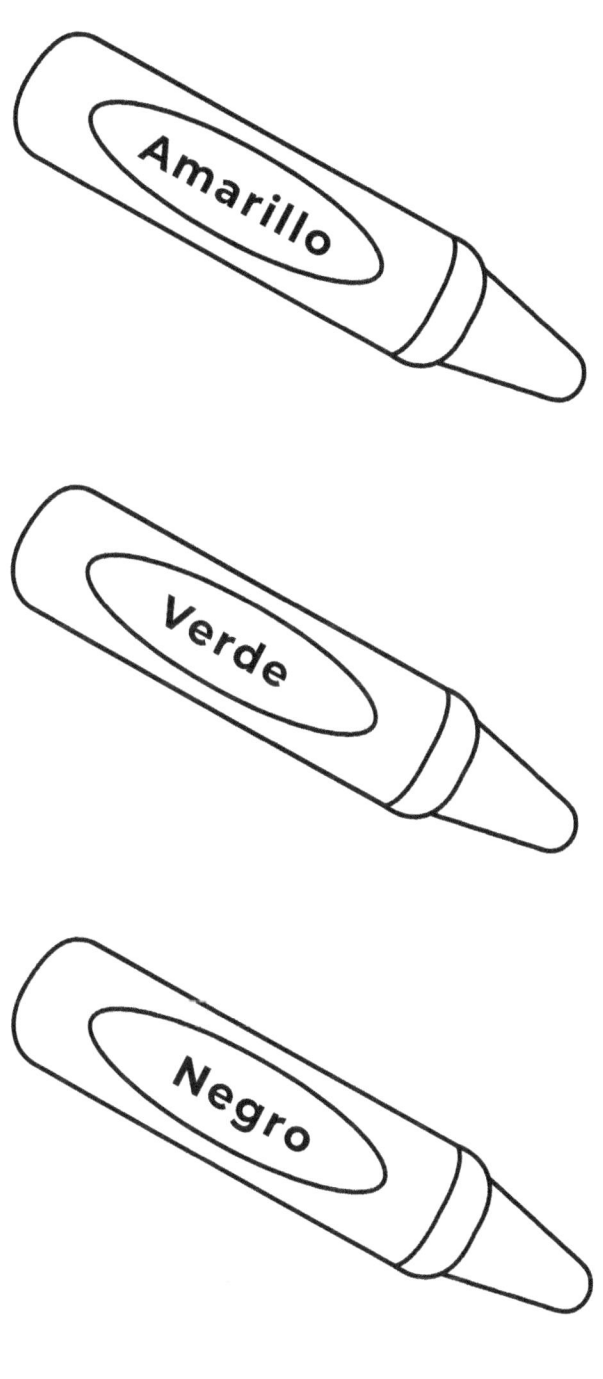

Nombre:_____

Revisión de colores

Colorea dentro de las palabras con el crayón correcto.

Naranja

Verde

Rosado

Blanco

Nombre:_____

Revisión de colores

Colorea el espacio marcado con el crayón correcto.

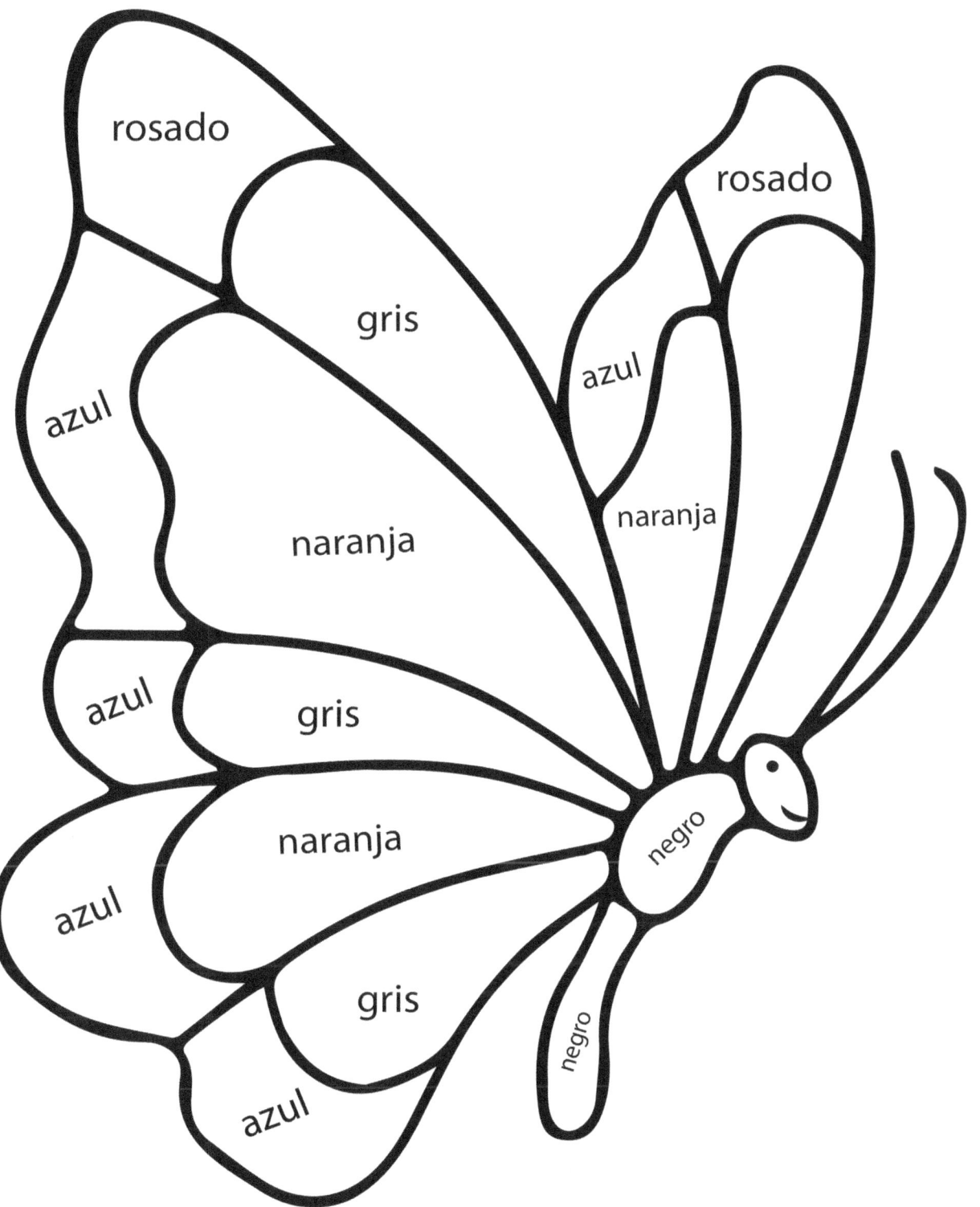

69   Denver International SchoolHouse

Nombre:_____

Revisión de colores

Colorea el espacio marcado con el crayón correcto.

1- azul
2- gris
3- rosado
4- verde
5- amarillo
6- morado
7- naranja
8- negro
9- rojo
10- blanco

Nombre:_____

Revisión de colores

Colorea y dibuja una línea para que cada imagen coincida con el crayón del mismo color.

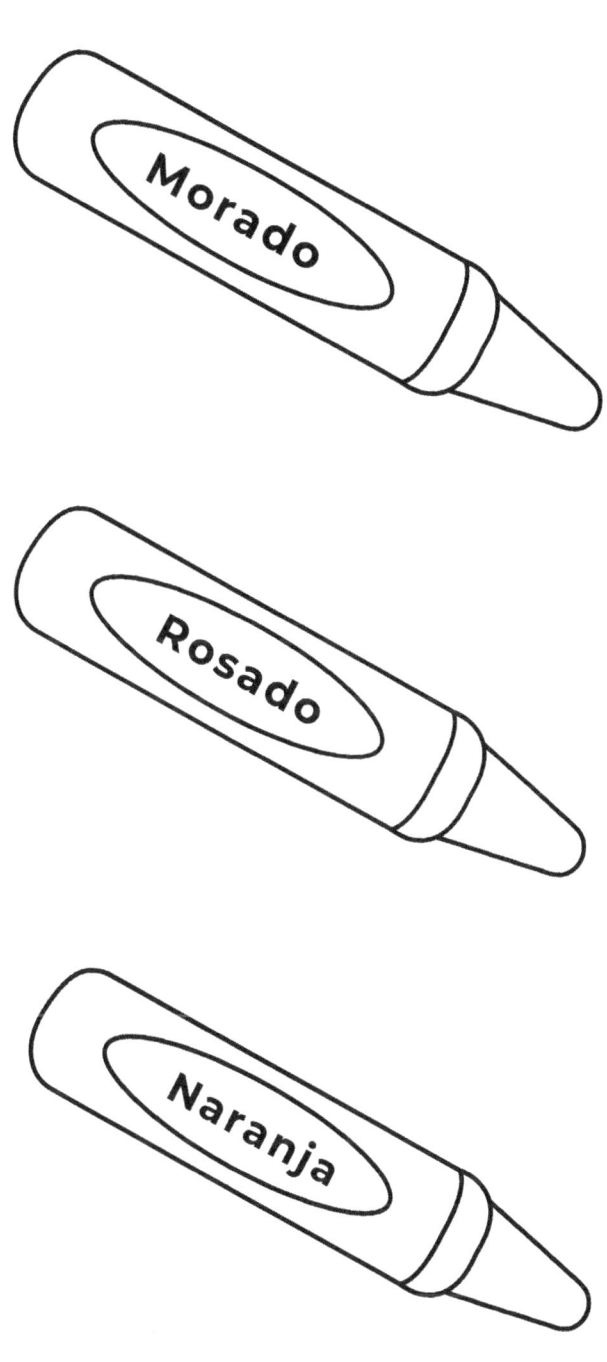

Nombre:_____

Revisión de colores

Colorea dentro de las palabras con el crayón correcto.

Morado

Rojo

Gris

Verde

Nombre:_____

Revisión de colores

Colorea el espacio marcado con el crayón correcto.

- rojo
- azul
- morado
- verde
- rojo
- azul
- naranja
- verde
- amarillo
- naranja
- amarillo
- morado

Denver International SchoolHouse

Nombre:_____

Revisión de colores

Colorea y dibuja una línea para que cada imagen coincida con el crayón del mismo color.

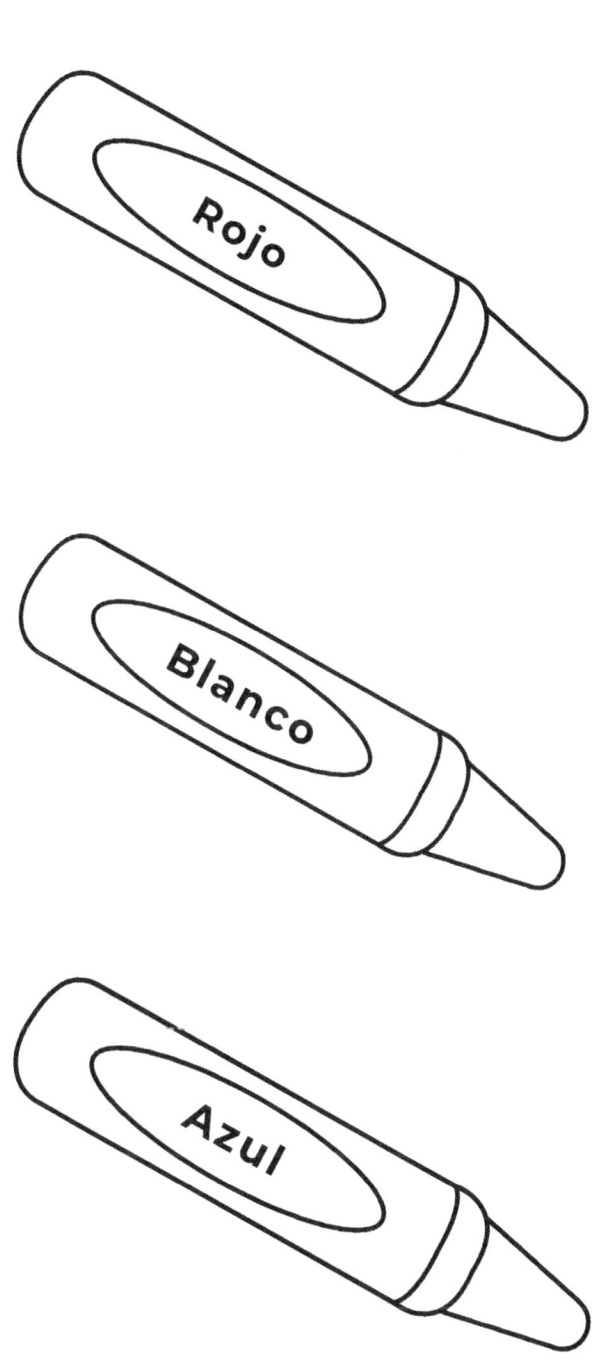

*Nombre:*_____

Revisión de colores

Observa la secuencia de cada hilera y colorea la que sigue de acuerdo con la secuencia.

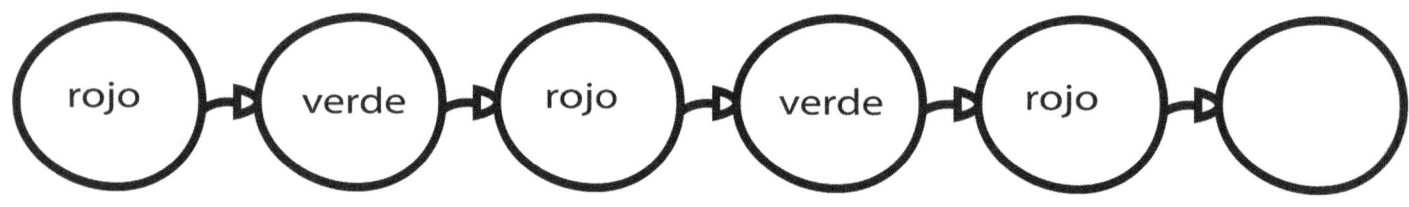

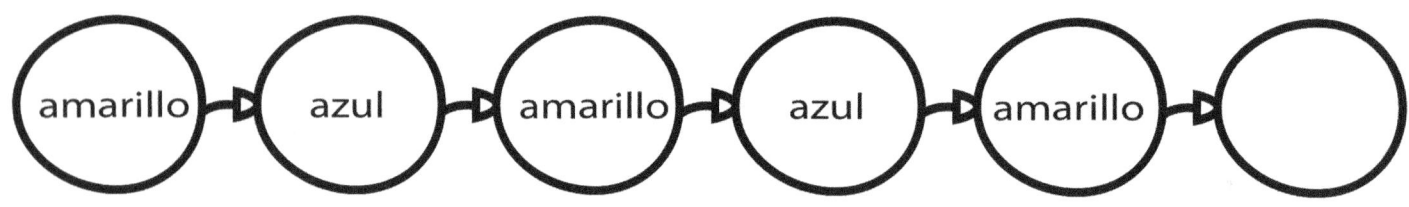

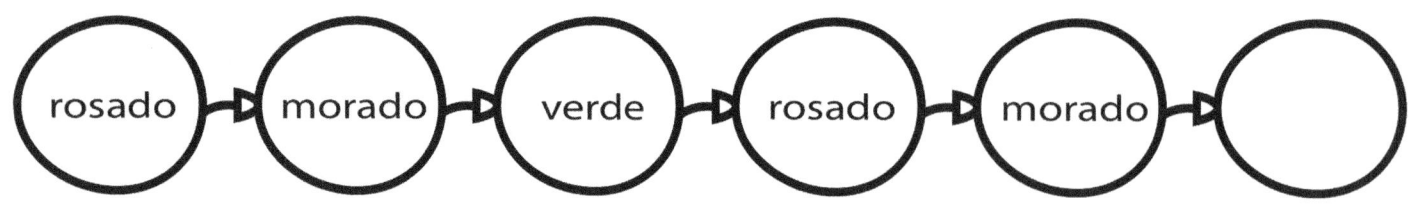

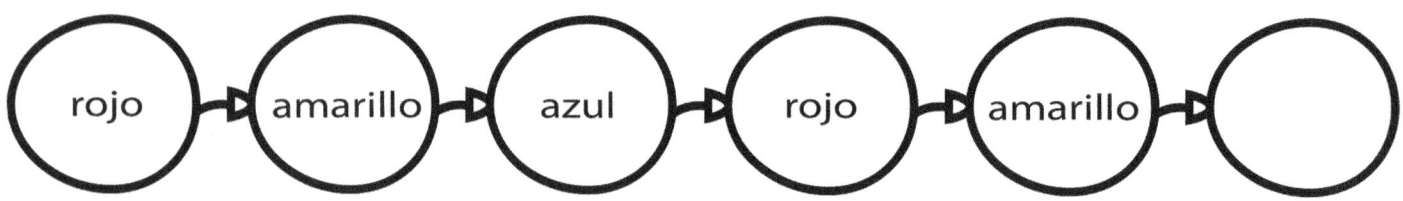

Nombre:_____

Revisión de colores

Colorea la letra marcada con el crayón correcto.

A = Blanco
B = Rojo
C = Negro
D = Naranja
E = Azul

Nombre:_____

Revisión de colores

Colorea el espacio marcado con el crayón correcto.

1- gris
2- blanco
3- negro
4- naranja
5- rojo
6- rosado
7- verde
8- azul
9- amarillo
10- morado

Denver International SchoolHouse

Nombre:_____

Revisión de colores

Colorea y dibuja una línea para que cada imagen coincida con el crayón del mismo color.

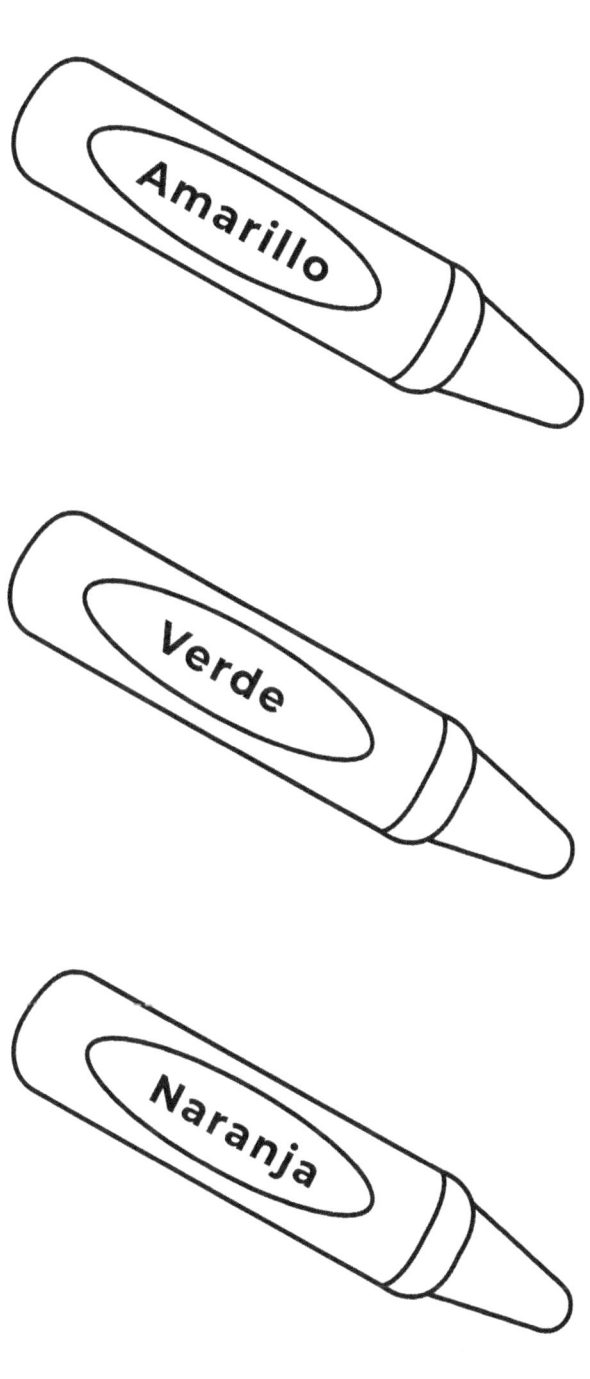
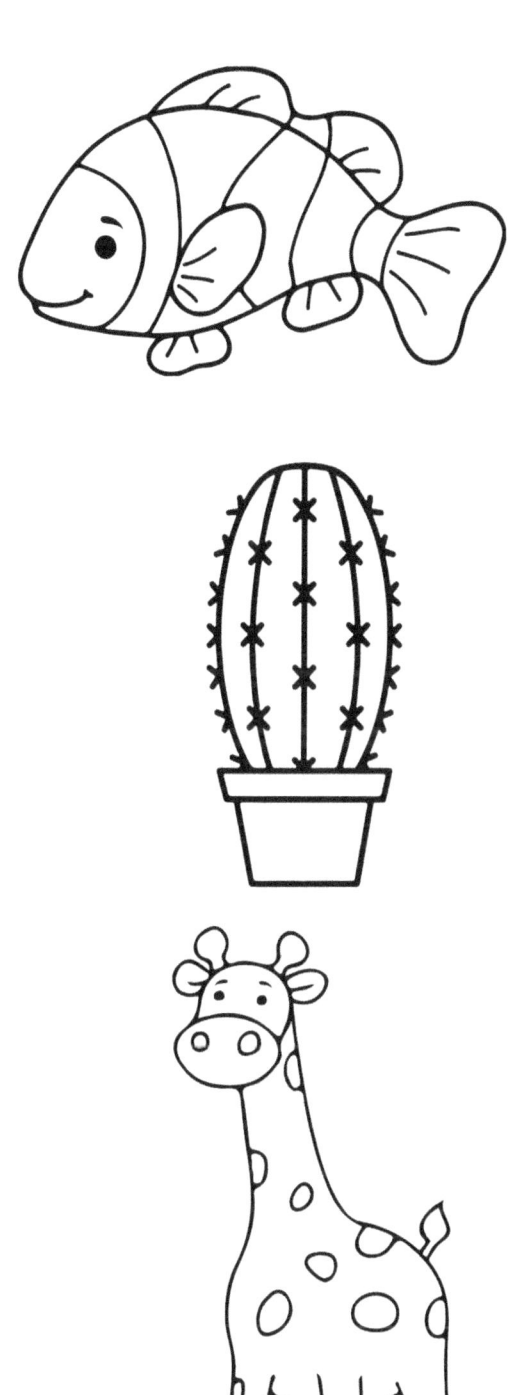

Nombre:_____

Revisión de colores

Colorea la letra marcada con el crayón correcto.

A = Blanco
B = Rojo
C = Verde
D = Amarillo
E = Azul

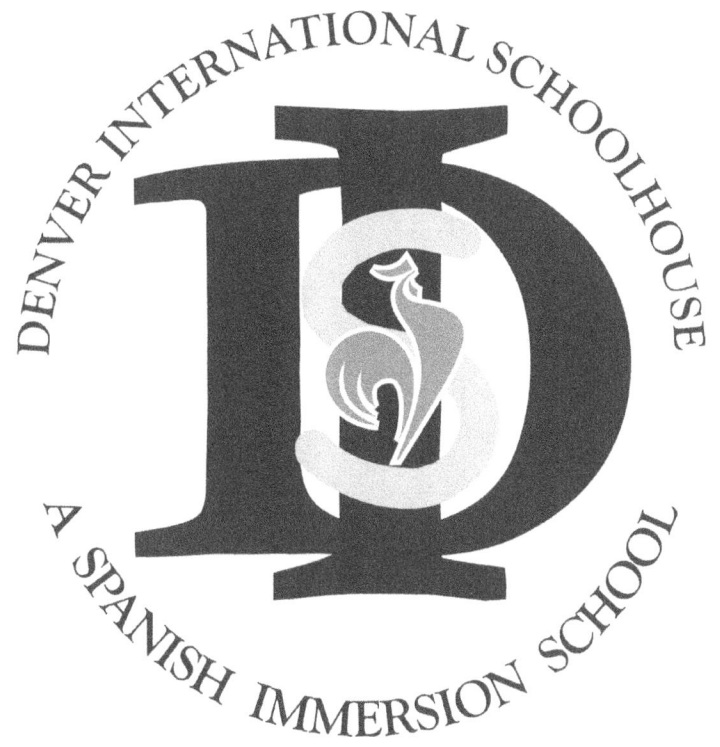

Contáctenos:

Web: www.dispreschool.com

Teléfono: (303) 928-7535

Facebook: @dispreschool

Twitter: @DISPreschool

Dirección: 6295 S Main St B113, Aurora, CO 80016